BOEKANALYSE

AF142076

De prinses van Kleef

· · · · · · · · · · · · · · · · · ·

MADAME DE LAFAYETTE

BOEKANALYSE

Geschreven door Vincent Jooris
Vertaald door Nikki Claes

De prinses van Kleef

• •

MADAME DE LAFAYETTE

MUST
READ

MADAME DE LA FAYETTE

FRANSE SCHRIJVER

- **Geboren in 1634 in Parijs**
- **Overleden in 1693 in dezelfde stad**
- **Enkele van zijn werken**:
  - *De prinses van Montpensier* (1662), roman
  - *Zayde* (1669-1671), roman
  - *De prinses van Kleef* (1678), roman

Marie-Magdeleine Pioche de la Vergne, bekend als gravin de la Fayette, werd geboren op 18 maart 1634 en stierf aan een hartkwaal op 25 mei 1693 in Parijs. Ze was de dochter van een heer van geringe adel. Haar vader stierf in 1649 en haar moeder hertrouwde met Renaud de Sévigné, de oom van de markiezin van Sévigné (Franse letterkundige, 1626-1696). Marie Magdeleine raakte bevriend met deze laatste, die haar uitnodigde om het hofgezelschap en de literaire salons van die tijd te bezoeken. Daar ontmoette ze Jean-François Motier, graaf de la Fayette, met wie ze trouwde. Getrouwd zonder liefde, raakte het paar uitgeput, en de Graaf de la Fayette besloot zich terug te trekken op het platteland, zijn vrouw in Parijs achterlatend.

In de literaire salons ontmoette de gravin La Rochefoucauld (Franse schrijver, 1613-1680) met wie zij een hechte en langdurige vriendschap sloot. Door deze relatie werd ze ondergedompeld in de wereld van de literairen. Vanaf dat moment werden Racine (1639-1699), Corneille (1606-1684) en vele anderen de auteurs die Marie-Magdeleine las en hoorde.

Tijdens deze jaren in dit genootschap van geleerden schreef zij voor het eerst twee verhalen: *La Princesse de Montpensier* (1662) en *Zaïde* (1670), die de literaire thema's van haar tijd perfect illustreren. De heer^me de la Fayette streefde echter naar vernieuwing en richtte zich met de hulp van La Rochefoucauld op een schrijfstijl die gekenmerkt werd door geschiedenis en nauwkeurigheid. Zij schreef *Histoire d'Henriette d'Angleterre*, de memoires van de Britse prinses Henriette (1644-1660). In 1678 publiceerde zij *De prinses van Kleef*: het werk, van een moeilijk te definiëren genre omdat het het midden houdt tussen de historische roman en de analytische roman, was een groot succes. Het maakt deel uit van een nieuwe literaire school en wordt als zodanig beschouwd als het eerste boek dat beantwoordt aan de moderne opvatting van de roman.

DE PRINSES VAN KLEEF

EEN ROMAN OVER PASSIE

- **Genre:** roman

- **Referentie-uitgave:** *La Princesse de Clèves*, Parijs, Librairie Générale Française, 1999, 256 blz.

- **1re uitgave:** 1678

- **Thema's:** trouw, dilemma, overspel, reputatie, passie

De roman, geschreven in samenwerking met Segrais (Franse dichter, 1624-1701) en La Rochefoucauld, werd anoniem gepubliceerd in 1678, omdat Mme de La Fayette uitdrukkelijk weigerde ermee te worden toegeschreven, omdat het onverenigbaar was met haar geslacht en rang. Bij de publicatie was het werk het onderwerp van een slimme perscampagne in *Le Mercure galant*, die bijdroeg tot het succes ervan; een succes dat door de eeuwen heen niet ontkend zou worden, omdat velen het beschouwen als de eerste moderne psychologische roman.

De prinses van Kleef vertelt het conflict dat de gelijknamige heldin kwelt, worstelend tussen de loyaliteit die zij verschuldigd is aan haar man en de destructieve liefdespassie die zij onderdrukt tegenover de hertog van Nemours.

SAMENVATTING

DEEL 1

In 1558 verscheen een mooi 16-jarig meisje aan het hof van Hendrik II (koning van Frankrijk, 1519-1559): Mlle de Chartres. Vaderloos werd ze vergezeld door haar moeder, die haar had opgevoed.

Huwelijksplannen tussen verschillende leden van het hof mislukken door intriges. De Prins van Kleef doet een aanzoek aan Mlle de Chartres. De jonge vrouw stemt in met dit schijn-huwelijk en wordt zo prinses van Kleef. Zij en haar moeder gaan ervan uit dat tederheid en tijd de getrouwde liefde zul-len doen opbloeien.

Op een bal van de koning ontmoet de prinses de hertog van Nemours. Er ontstaat een alles verterende passie tussen hen, maar die blijft verborgen.

Terwijl Mme de Chartres op sterven ligt, vertelt haar dochter haar over haar gevoelens voor Nemours. De moeder smeekt haar dochter om deze passie, waarvan zij vreest dat die haar schade zal berokkenen, op te geven. De heer^{me} de Clèves besloot zich terug te trekken op het platteland, in Coulommiers.

DEEL TWEE

Daar verneemt Mme de Clèves van de dood van Mme de Tournon, een vrouw die zij bewonderde. De prins van Kleef vertelt haar een anekdote: een van zijn vrienden, M. de Sancerre, was al twee jaar verliefd op Mme de Tournon, en zij had in het geheim beloofd met hem te trouwen. Op de dag van haar dood ontdekte M. de Sancerre echter enkele hartstochtelijke brieven die niet aan hem gericht waren; Mme de Tournon had namelijk dezelfde toespraak gehouden tot M. d'Estouville. M. de Sancerre was zeer ontdaan. De prins van Kleef trok uit dit verhaal een algemene conclusie: het is beter voor een getrouwde vrouw om een of andere neiging elders te bekennen dan deze voor haar man te verbergen; de laatste zou niet van streek raken, omdat hij dan niet de onaangename verrassing zou hebben van een onthulde affaire. De prinses was diep verontrust door deze laatste woorden.

De Prins van Kleef overtuigt zijn vrouw om hem te volgen naar Parijs. Ze beseft dat ze nog steeds gevoelens heeft voor de hertog van Nemours. Nemours van zijn kant heeft zijn hoop op een Engelse kroon opgegeven uit liefde voor haar. De prinses van Kleef probeert haar emoties onder controle te houden en wil weer vluchten.

Op een dag beseft ze dat Nemours een portret van haar steelt. Zij zwijgt echter uit angst de passie van de hertog publiekelijk te onthullen en om hem niet aan te zetten tot een liefdesverklaring. Maar Nemours beseft dat de prinses het tafereel heeft waargenomen, maar hem niet heeft aangeklaagd. Hij keert gelukkig terug naar huis, wetende dat hij geliefd is.

Tijdens een toernooi riskeert de hertog verwondingen. De bezorgde blik in Mme de Clèves' ogen is onmiskenbaar. De Chevalier de Guise, die ook verliefd is op de prinses, ziet dit en begrijpt dat hij geen kans maakt haar te winnen; hij gaat op avontuur, ver van Frankrijk, en zal in het buitenland sterven.

Op een dag onderschept de prinses een brief van een vrouw die aan het hof rondgaat en die suggereert dat Nemours een affaire heeft. Mme de Clèves voelt jaloezie in haar opkomen.

DEEL DRIE

In werkelijkheid was de brief bestemd voor de vidame de Chartres, de oom van de prinses en vertrouweling van de koningin. Hij riskeerde veel als hij werd geïdentificeerd: zijn geliefde zou worden gecompromitteerd en de koningin zou hem dit avontuur verwijten. De vidame belastte de Duc de Nemours vervolgens met een missie: zich voordoen als de ontvanger van de brief.

Nemours bezoekt Mme de Clèves en bewijst zijn goede trouw. Zo verdrijft hij de jaloezie van de prinses en krijgt hij de brief terug. Nemours geeft het door aan de vidame, die het terug-geeft aan zijn minnaar. De Dauphine eiste echter ook het briefje op dat de problemen had veroorzaakt. Daarom moet het uit het geheugen worden gekopieerd. In aanwezigheid van M. de Clèves herschrijven de prinses en de hertog de brief. Ze genieten van dit moment van intimiteit. Maar de imi-tatie is onvolmaakt, en de koningin voelt het bedrog. De vidame verliest zo haar achting.

Opnieuw bezorgd door de passie die ze voelt voor de hertog, gaat de prinses terug naar Coulommiers. Haar man verwijt haar haar voorliefde voor eenzaamheid. Dan bekent ze haar liefde voor een andere man. Ze zegt dat ze weg moet van het hof om haar man waardig te blijven. Eerst erkent hij haar oprechte loyaliteit, maar dan kan hij het niet laten haar onder druk te zetten met jaloerse vragen. Ze onthult echter niet de naam van haar minnaar. Nemours, ondergedoken, was getuige van het tafereel.

Kort daarna vraagt de koning de prins van Kleef om terug te keren naar Parijs. Alleen thuis schrikt de prinses van zijn bekentenis, maar ze overtuigt zichzelf ervan dat ze haar man trouw is gebleven.

Nemours is verdeeld: hij begrijpt dat deze bekentenis het einde betekent van elke hoop om de gunst van de prinses te verkrijgen, maar hij is verheugd om lief te hebben en bemind te worden. Hij kan zijn verlangen om het verhaal aan zijn vriend de vidame te vertellen niet bedwingen. Ondanks de ontwijkende en onnauwkeurige woorden van de hertog, begrijpt de vidame dat het inderdaad zijn vriend is om wie het gaat. Door deze onvoorzichtigheid wordt het verhaal openbaar. De prins en de prinses van Kleef beschuldigen elkaar ervan dat ze hun gesprek openbaar hebben gemaakt, niet wetende dat Nemours hen heeft afgeluisterd.

De koning sterft tijdens een toernooi.

DEEL VIER

Het hof gaat naar Reims voor de kroning van de nieuwe koning. Ondertussen blijft de prinses in Coulommiers. Nemours observeert haar 's nachts, terwijl ze een schilderij van hem bekijkt. Dit moedigt hem aan zich bij haar aan te sluiten. Omdat ze hem in de tuin denkt te herkennen, vlucht ze naar een andere kamer in het kasteel. Nemours wacht, tevergeefs, en besluit de volgende nacht terug te keren.

Nemours werd echter gevolgd door een spion in dienst van de Prins van Kleef. Bij het horen van het nieuws is de prins ervan overtuigd dat zijn vrouw hem bedrogen heeft. Hij sterft van verdriet, terwijl hij zijn vrouw de schuld geeft.

Doodsbang weigert de prinses de hertog weer te zien. De vidame weet uiteindelijk een geheime ontmoeting tussen de twee geliefden te regelen. Nemours bekent dat hij degene was die de onthulling deed. De prinses van Kleef wijst de hertog af en vertrekt zonder dat hij haar kan houden. Ze gaat in ballingschap in de Pyreneeën en neemt de heilige orders aan. Ernstig ziek, stierf ze daar een paar jaar later.

KARAKTERSTUDIE

MME VAN CHARTRES

De moeder van de heldin, Mme de Chartres, bepaalt de hele plot. Ze komt uit de provincie en gaat naar het hof om een man voor haar dochter te zoeken. Zij belichaamt de morele en aristocratische waarden van de vorige decennia: respect voor de huwelijkse plicht, het belang van reputatie, enz.

Ze wordt vergezeld door haar dochter, Mlle de Chartres, die ze streng en deugdzaam heeft opgevoed. Ze wil dat ze zich onderscheidt van de massa van andere vrouwen en bepaalt haar koers, waardoor ze de agent wordt van haar persoonlijke plan.

Ze streeft dit doel, dit programma, deze last onophoudelijk na, zelfs op haar sterfbed. Na de bekentenis van haar dochter over haar gevoelens voor Nemours, aarzelt Mme de Chartres niet om haar toevlucht te nemen tot emotionele chantage: kinderliefde dient als laatste verdediging tegen passie. Bijvoorbeeld, tijdens het laatste afscheid verklaart ze:

> *"Denk aan wat je aan je man verschuldigd bent; denk aan wat je aan jezelf verschuldigd bent, en bedenk dat je deze reputatie die je verworven hebt en die ik je zo toewenste, gaat verliezen. Heb kracht en moed, mijn dochter, trek je terug uit de rechtbank [...]. Als andere redenen dan die van deugdzaamheid en uw plicht u konden verplichten te doen wat ik wens, zou ik u zeggen dat, als er iets is dat het geluk kan verstoren waarop ik hoop bij het verlaten van deze wereld, het zou zijn u te zien vallen als andere vrouwen; maar als dit ongeluk u zou overkomen, verwelkom ik de dood met vreugde, om er geen getuige van te zijn [...]. Vaarwel, mijn*

dochter, zei ze tegen haar, […] en onthoud, als je kunt, alles wat ik je zojuist heb verteld." (p. 91-92)

Na de dood rust de eer van de moeder op het gedrag van haar dochter. Het afscheid bekrachtigt een heel proces van schuld. In zekere zin overlappen de moeder en de auteur elkaar: de moeder bezegelt het lot van haar dochter, net zoals de auteur het lot van haar heldin vastlegt.

DE PRINS VAN KLEEF

De echtgenoot van de heldin, de prins van Kleef, betreurt dat hij de bekentenis van zijn vrouw heeft uitgelokt. Verteerd door jaloezie, beschuldigt hij haar van overspel.

Zijn dood komt overeen met die van Mme de Chartres. Ook hier volgt de dood op de biecht, en de stervende verklaart dat hij de dood aangenaam vindt vanwege wat hij weet. Plechtig verkondigt hij:

> *Ik zal sterven," voegde hij eraan toe, "maar u moet weten dat u de dood voor mij aangenaam maakt, en dat na het wegnemen van de achting en tederheid die ik voor u had, het leven mij zou verafschuwen […]. Vaarwel, mevrouw, u zult op een dag een man missen die van u hield met een ware en legitieme passie. U zult het verdriet voelen dat redelijke mensen in deze verbintenissen vinden, en u zult het verschil kennen tussen bemind worden zoals ik u bemind heb, en bemind worden door mensen die, door u liefde te tonen, alleen de eer zoeken om u te verleiden. Maar mijn dood laat u vrij," voegde hij eraan toe, "en u kunt M. de Nemours gelukkig maken, zonder dat het u een misdaad kost. Wat maakt het uit," ging hij verder, "wat er zal gebeuren als ik er niet meer ben, en moet ik de zwakte hebben om ernaar te kijken?*

De toestemming is alleen zichtbaar. Een huwelijk met de rivaal zou de prinses van Kleef onherroepelijk in diskrediet brengen. Met deze woorden daagt de prins zijn vrouw uit om zijn nagedachtenis te respecteren. We kunnen raden dat ze zichzelf nooit zou toestaan haar man onwaardig te zijn.

DE HERTOG VAN NEMOURS

Op de eerste pagina's van de roman staat de hertog van Nemours tussen de meest bewonderenswaardige mannen van het hof. Hij wordt inderdaad voorgesteld als de knapste, de meest voorname, enz. Natuurlijk wil de logica van de roman hem associëren met de mooiste en meest voorname vrouw, namelijk onze jonge heldin. Maar deze veronderstelling wordt tegengesproken: ze ontmoeten elkaar, maar te laat, want de prinses heeft al een echtgenoot.

Nemours is zeker jong en knap, maar dan ontdekken we zijn ware persoonlijkheid, vermomd door conventie: de hertog wordt onthuld als een verleider, opportunist en cynicus.

DE VIDAME VAN CHARTRES

De oom van de heldin, de vidame de Chartres, wordt vanaf de eerste bladzijden vergeleken met Nemours. Beiden verpersoonlijken het hof door hun dapperheid. Hij is een soort dubbelganger van Nemours, wiens verleden hij in herinnering brengt en wiens toekomst hij aankondigt.

Als oom en vertrouweling van de prinses van Kleef kan hij worden beschouwd als een soort vervanger van de vaderfiguur.

MLLE DE CHARTRES/DE PRINSES VAN CLEVES

De heldin van de roman, de prinses van Kleef, is echter niet de baas over haar leven. Ze wordt beïnvloed door de andere hoofdpersonen: het gezag van haar moeder, de gevoeligheid van haar man, de verleiding van Nemours en de etiquette van het hof.

De prinses internaliseert de voorschriften van haar moeder. Zij stelt twee deugden boven alle andere: oprechtheid, die haar missie garandeert, en de beheersing van haar emoties. Gebruikmakend van deze principes beweert ze de tekortkomingen die haar bedreigen te sublimeren. Tegelijkertijd stelt ze zichzelf onbewust op als een te bewonderen en na te volgen voorbeeld. Dit resulteert in een zekere vorm van persoonlijke trots, zelfs hoogmoed.

Maar in sommige situaties staan oprechtheid en zelfbeheersing lijnrecht tegenover elkaar. De prinses bekent liever haar tekortkomingen uit zelfrespect. Als ze haar wil voelt verzwakken, biecht ze haar fouten op. Zal het onthullen van haar fouten haar ervan weerhouden ze opnieuw te begaan? Ongetwijfeld hoopt ze dat. Ze denkt dat ze haar eigen stemmingen temt. In deze opvoeringen worden vrouwelijk heroisme en narcisme gemengd. Maar de prinses gaat uit van haar kracht. Elke keer blijft de besluiteloosheid bestaan. Elke keer wordt de fout erger.

Alleen de nabijheid van de dood weerhoudt haar van de passie die haar opwindt. Door haar toevlucht te nemen tot religie, slaagt ze erin het ideaal dat ze zich eigen heeft gemaakt te behouden. Door afstand te doen van de wereld, komt ze eindelijk haar beloften na. Maar tegen welke prijs!

SLEUTELS TOT HET LEZEN

EEN WAARSCHUWING TEGEN PASSIE

Mme de La Fayette beschouwt liefdespassies als fataal: ze haat de problemen, jaloezie, ontevredenheid en verdriet die ze veroorzaken. In vergelijking daarmee zouden momenten van geluk maar al te vluchtig zijn. In die zin komt de term "passie" dicht bij zijn etymologische betekenis: lijden, pijn.

De auteur stelt een andere visie op liefde, beïnvloed door de kostbare stroom, tegenover hartverscheurende passie. Zij pleit voor een vorm van solide en welwillende sympathie, een sentimentele en intellectuele, vriendschappelijke, zelfs platonische gehechtheid. Deze unie, hartelijk en onwankelbaar, kalmeert het hart en is een bron van harmonie. Het lijkt op de Stoïcijnse ataraxia (het zoeken naar de afwezigheid van problemen). Het gaat erom de vurigheid van hartstochtelijke problemen te vervagen om zelfbeheersing en emotioneel evenwicht te bereiken. Mme de La Fayette heeft deze manier van liefde beleven zelf ervaren, eerst met Gilles Ménage (Franse schrijver, 1613-1692), daarna met La Rochefoucauld.

 ## KOSTBAARHEID

Het is een Frans literair fenomeen dat ontstond in de 18E EEUW^e in de salons van de maatschappij waar de kunst van het converseren werd beoefend. Preciositeit wordt gekenmerkt door een zoektocht naar verfijning, zowel in de psychologische analyse (vooral van de liefde) als in de manier van uitdrukken (de precious wijst vulgariteit af en probeert zich te onderscheiden door zuivere taal, maar hun taal is zo aangetast dat ze onbegrijpelijk wordt).

In dit verhaal cultiveert de heldin een ideaalbeeld van de liefde. Zij zoekt een oprechte en duurzame liefde, verstoken van interesse of ambitie, die de tand des tijds kan doorstaan. Ze verwerpt kortstondige en onzuivere liaisons.

Maar vreemd genoeg lijkt de prinses een vreemde te zijn voor de liefde van haar man, wiens gevoeligheid dicht bij de hare ligt. Beetje bij beetje wordt ze verliefd op de hertog van Nemours. Deze vervreemdende passie belemmert haar intelligentie: ze ziet de betekenis van haar daden niet direct in, bekent haar ontrouw terwijl ze erop staat de naam van de man van wie ze houdt geheim te houden, enz. Uiteindelijk beseft de heldin de indiscretie van de hertog van Nemours en beseft bitter haar falen:

> *"Ik had het mis om te geloven dat er een man was die kon verbergen wat zijn glorie streelt. Toch is het door deze man, waarvan ik dacht dat hij zo anders was dan de rest van de mannen, dat ik net als andere vrouwen zo ver van hen af sta. Ik heb het hart en de waardering verloren van een man die mijn geluk had moeten zijn. Binnenkort zal iedereen mij beschouwen als iemand met een waanzinnige en gewelddadige passie. (p. 184)*

De verschillende verhalen over passie die de roman doorspekken – hoewel geenszins noodzakelijk voor de actie – waren echter bedoeld om de heldin te waarschuwen voor de risico's van dit laatste: overdreven afgoderij, bedrog, waanzin, enz. ijdele waarschuwingen.

De prinses begrijpt dat de reden waarom de liefde in het huwelijk slijt, is dat iedereen gelooft dat de ander de zijne is. Ze begrijpt ook dat passie alleen duurt zolang de geliefde (Nemours) aan haar ontsnapt. Kortom, ze voelt zich middelmatig omdat ze verlangde wat ze niet kon hebben. Maar ondanks alles zal alleen ziekte haar hartstochtelijke gevoelens verzwakken, tot de uiteindelijke verzaking:

> "Deze lange en dreigende aanblik van de dood deed de heer^me de Clèves de dingen van dit leven zien met dat oog dat zo anders is als men in gezondheid is […]. Ze overwon de restanten van die passie die verzwakt was door de gevoelens die haar ziekte haar had gegeven; de gedachten aan de dood hadden de herinnering aan Monsieur de Clèves dichter bij haar gebracht […]. Eindelijk, hele jaren verstreken, vertraagden tijd en afwezigheid haar pijn en doofden haar passie. Mme de Clèves leefde op een manier die er geen schijn van had dat ze ooit zou terugkeren; ze bracht een deel van het jaar door in dit religieuze huis en het andere deel thuis, maar in een teruggetrokkenheid en met bezigheden die heiliger waren dan die van de meest sobere kloosters; en haar leven, dat nogal kort was, liet voorbeelden na van onnavolgbare deugden. (p. 236-239)

REFLEXIEVE SLOW-MOTION

Gedurende het verhaal schommelt de prinses tussen twee houdingen:

- de slecht gecontroleerde actie. Haar gebaren, haar woorden, haar blosjes of haar stiltes getuigen van haar ongeorganiseerde passie. Ze geeft, ondanks zichzelf, tekenen van haar gevoelens;

- reflectie. Ze neemt de tijd om na te denken over haar eigen gedrag. Beoordelingen, gevoed door berouw of wroeging, leiden tot voornemens voor de toekomst. Kortom, een verontrustende gebeurtenis wordt altijd gevolgd door een analyse achteraf.

Bovendien komen deze twee houdingen overeen met twee ruimten:

- het openbare leven, vertegenwoordigd door het hof (in Parijs, in Blois) met zijn weelderige ceremonies, zijn intriges en zijn bedrieglijke verleidingen;

- retraite, opgeroepen door het platteland, privékamers, enz. Ontsnappen aan de wereld is nodig om in vrede te mediteren. Als het nodig is, sluit de prinses zich af in eenzaamheid.

In deze derde-persoonsvertelling kan het zelfonderzoek drie vormen aannemen:

- de psychologische beschrijving, die aangeeft wat de heldin bezighoudt;

- de gerapporteerde monoloog, waarin de toespraak van de prinses tot zichzelf in indirecte stijl wordt gepresenteerd;

- de monoloog in directe stijl.

Deze reflexieve slow-motion sequenties illustreren de poging van de prinses om haar verwarring te doorzien. Om aan de chaos van haar hartstochtelijke bewegingen te ontsnappen, probeert ze een discours te ontvouwen dat haar geest reorganiseert, die structureert. Dit is geen ongeordend mengsel van verwarde indrukken, noch een logorrhea van ongrijpbare ideeën, maar een lineaire, heldere en samenhangende gedachte, verlicht door de rede.

> *"[…] Mme de Clèves ging naar huis en sloot zich op in haar werkkamer.*
>
> *Het is onmogelijk om de pijn uit te drukken die ze voelde toen ze wist, uit wat haar moeder haar net had verteld, welke belangstelling ze had voor M. de Nemours: ze had het nog niet aan zichzelf durven toegeven. Toen*

zag zij dat de gevoelens die zij voor hem had, die waren welke M. de Clèves
zozeer van haar gevraagd had; zij vond hoe beschamend het was ze voor
een ander te hebben dan voor een echtgenoot die ze verdiende. Ze voelde
zich gekwetst en beschaamd door de vrees dat M. de Nemours haar zou
willen gebruiken als voorwendsel voor Mme de dauphine en deze gedachte
bepaalde haar om Mme de Chartres te vertellen wat ze hem nog niet had
verteld. (p. 88-89)

Een "Corneliaanse" keuze

De bekentenis aan de hertog van Nemours is precies een van
deze reflexieve vertragingen. Het dilemma tussen plicht en
passie onthult het intieme karakter van de bekentenis. Deze
monoloog wordt gekenmerkt door de lengte van het ant-
woord van Mme de Clèves in vergelijking met dat van Nemours.
Bovendien wordt het gekenmerkt door lange zinnen met een
groot aantal betrekkelijke bijzinnen:

*"Ik heb u te veel verteld om voor u te verbergen **dat** u het mij bekend heeft*
*gemaakt en **dat** ik op **de** avond dat de koningin mij deze brief van Madame*
*de Thémines gaf, **die** aan u gericht zou zijn, zo'n wrede pijn heb geleden,*
***dat** een idee ervan mij is bijgebleven **dat** mij doet geloven **dat** het het*
grootste van alle kwaden is. (einde van het vierde deel)

Het gebruik van deze lange zinnen benadrukt het trage denken van de prinses van Kleef. Laten we niet vergeten dat ze
moet kiezen tussen haar plicht of haar passie. Hieruit blijkt
dat het personage, terwijl ze spreekt, nadenkt over haar uiteindelijke beslissing. Door deze repetitieve stijl kunnen we de
aarzeling van het personage waarnemen.

Uiteindelijk zijn er veel reflectieve fasen in de roman, het
bewijs van een intense persoonlijke reis. [e]Dit maakt *De prin-*
ses van Kleef ook tot een roman van de leertijd, een genre dat
in de 18e EEUW in Duitsland ontstond en waarin de ontwikke-
ling van een held wordt gevolgd.

SPELLETJES VAN HET UITERLIJK

In de roman is de communicatie tussen individuen indirect of zeer laat. Dit verklaart de verschillende vormen van het werkwoord "zien" die in de hele roman voorkomen.

Scènes van spionage en voyeurisme

Symmetrische scènes spelen zich af op plaatsen buiten het hof.

De protagonisten worden geobserveerd zonder hun medeweten:

- Nemours bespioneert de prinses vanuit het raam van een zijdehandelaar;
- vindt de prinses Nemours slapend in een Parijse tuin.

De spionnen zelf worden overwogen:

- een van de geliefden kijkt naar het portret van de ander, zonder te weten dat degene die hij bewondert hem observeert;
- betrapt de prinses Nemours op het stelen van een portret van haar;
- Nemours bespiedt de prinses in Coulommiers en vindt haar bedroefd bij het zien van een schilderij dat zij heeft bemachtigd. Het schilderij toont het beleg van Metz, waarin Nemours voorkomt.

Het standpunt van de rechtbank

Op het bal voor de prinselijke verloving beveelt de koning Mme de Clèves om met Nemours te dansen. Deze volgorde heeft een symbolische betekenis: door deze twee mensen als een aanvaardbaar paar te zien, keurt de koning een onwettige verbintenis goed (blz. 71-72).

Bovendien dwingt het hof, door de etiquette die het oplegt, de personages een rol te spelen, een gezicht te vormen dat aan de ogen wordt getoond.

Gezien worden als een voorbeeld

Uiteindelijk neemt de prinses het schuldgevoel en de middelmatigheid die haar overweldigen op zich en overwint het. Ze herwint haar zelfvertrouwen en als ze Nemours nog een laatste keer ontmoet, is dat omdat ze hem vraagt hun gesprek te melden aan de vidame de Chartres. Op deze manier wil ze de bewondering van haar oom opwekken en zichzelf als voorbeeld voor hem stellen. Door zich voortaan als voorbeeldig en onberispelijk icoon aan te bieden, heeft ze iets meer controle over de blik van anderen en bevrijdt ze zich van de rol die het hof haar opdrong.

Een bekentenis buiten het zicht van de rechtbank

De bekentenis van de prinses aan de hertog van Nemours vindt niet plaats onder het oog van het hof. Zij ontmoeten elkaar namelijk noch aan het hof, dat gekenmerkt wordt door zijn sociale codes, noch in het intieme privé-huis van Mme de Clèves, maar op een neutrale plaats die hun gedrag niet kan beïnvloeden. De belijdenis van gevoelens en de aankondiging van vertrek kunnen zo vrij, zonder spanning van buitenaf en op een oprechte manier worden geopenbaard. Aangezien de personages zich op een plek buiten het hof bevinden, verbant de prinses alle codes van de maatschappij om zich van haar last te bevrijden: "[…] Ik sla alle terughoudendheid en fijngevoeligheid die ik in een eerste gesprek zou moeten hebben, over." (p. 230)

Ze neemt dus de vrijheid om zich te ontdoen van alles wat haar, binnen de maatschappij, zou kunnen verhinderen haar gevoelens te tonen. Voortaan houdt ze geen rekening meer met het decorum dat het belijden van een passie veroordeelt.

IS DE PENSIONERING VAN DE PRINSES VAN KLEEF EEN NOODLOT?

Een kortstondige passie

Deze bekentenis dient ook als sociaal argument om zichzelf ervan te overtuigen dat de enige manier om aan de situatie waarin ze zich bevindt te ontsnappen, is zich terug te trekken uit het hof. Ook vreest de prinses van Cleves dat de onverwachte gevoelens van de hertog van Nemours zullen verdwijnen met de tijd en de aanblik van andere vrouwen: "Maar behouden mannen passie in deze eeuwige verlovingen? Zal ik hopen op een wonder in mijn voordeel […]?

Met deze retorische vraag geeft de prinses van Kleef Nemours geen alternatief. Hij kan deze verklaringen niet ontkennen. Bovendien benadrukt de term "wonder" de marginaliteit van permanente liefde en het onontkoombare lot van getrouwde vrouwen.

Deze angst voor kortstondige passie is het eerste argument dat een tegenwicht vormt voor de afwezigheid van obstakels voor de liefde van de prinses en Nemours. Mme de Clèves is zich ervan bewust dat, wanneer haar man is overleden, elk obstakel voor hun liefde niet legitiem kan zijn in de maatschappij en in de ogen van Nemours:

> *"Ik weet dat jij vrij bent, dat ik vrij ben, en dat de dingen van dien aard zijn dat het publiek geen reden zou hebben om jou, noch mij iets te verwijten, wanneer wij voor altijd met elkaar verloofd zouden zijn. (einde van het vierde deel)*

De angst voor ontrouw komt ook voort uit de constatering dat liefde vergankelijk is. De prinses weet inderdaad dat de Duc de Nemours een charmante man is die veel vrouwen aanspreekt: "Niets kan mij ervan weerhouden te weten dat u geboren bent met alle aanleg voor galanterie en alle kwaliteiten die daar gelukkig succes kunnen opleveren. (einde van het vierde deel)

In deze maatschappij zijn de trouw en constante liefde die Mme de Clèves wenst niet te vinden. Zo krijgt de spreuk waarmee de sociale verantwoording van de prinses van Kleef eindigt haar volle betekenis: "Men verwijt een minnaar; maar verwijt men een echtgenoot, wanneer men hem alleen maar hoeft te verwijten dat hij geen liefde heeft? Deze spreuk, gekenmerkt door het onpersoonlijke en de tegenwoordige tijd, belicht het lot van een getrouwde vrouw.

Jaloezie, een bestanddeel van passie…

Al deze sociale argumenten worden versterkt door het onvermijdelijke verschijnen van een destructief gevoel, jaloezie. De prinses vreest deze emotie, waardoor ze haar passie niet zou kunnen verbergen.

> *"Ik zou doodsangsten uitstaan, en ik zou er zelfs niet zeker van zijn dat ik niet het ongeluk van jaloezie zou hebben. Ik heb u te veel verteld om voor u te verbergen dat u mij er bewust van hebt gemaakt en dat ik zo'n wrede pijn heb geleden […] dat ik er nog steeds een idee van heb dat mij doet geloven dat het het grootste van alle kwaden is. (einde van het vierde deel)*

De gemarkeerde hyperbolen laten zien dat ze niet tegen verraad kan. Bovendien steunen zij de sociale redenen die hun vereniging onmogelijk maken. De overtreffende trap beschrijft jaloezie als een kwaad dat alle andere kwalen overtreft en waartegen men nooit kan vechten. De hyperbolische uitdrukking drukt dus de wanverhouding uit tussen de wereld van het hof en de waarden van de prinses.

"Er zijn weinigen die u niet bevallen; mijn ervaring leert mij dat er niemand is die u niet kunt bevallen" (einde vierde deel). Door deze litote te gebruiken verzwakt de verteller de uitspraak om hem sterker te maken. De hertog van Nemours kon geen weerstand bieden aan een nieuwe passie zoals hij die voor haar voelt. Daardoor overtuigt het sociale argument de lezer en de prinses van de noodzaak het hof te verlaten en legitimeert het de waarneming van een onmogelijke liefde. De jonge vrouw pleit dus voor morele waarden die ze van haar moeder heeft meegekregen en die ze wil behouden.

De plicht

Zelfs als ze toegeeft (toegeeft?) aan haar passie, zullen (zouden?), afgezien van de ongelukkige gevolgen van de echtelijke verbintenis, haar plicht en haar schuldgevoel haar voor altijd achtervolgen:

"Als ik kon wennen aan dit soort ongeluk, kon ik wennen aan het ongeluk om te geloven dat Monsieur de Cleves u altijd zal beschuldigen van zijn dood; mij verwijten dat ik van u gehouden heb, met u getrouwd ben [...]" "(einde van het vierde deel)

Het gebruik van de hypothetische voorwaarde benadrukt dat, zelfs als zij jaloezie en ontrouw zou kunnen overwinnen, de kracht van haar plicht haar niet zou toestaan tegen haar waarden en deugd in te gaan: "Het is onmogelijk," vervolgt zij, "om over zulke sterke redenen heen te stappen: ik moet blijven in de toestand waarin ik verkeer, en in de besluiten die ik heb genomen om er nooit meer uit te komen." (einde van deel vier) De sociale en persoonlijke argumenten rechtvaardigen de uiteindelijke beslissing van Mme de Clèves om zich terug te trekken uit het hof.

EEN TRAGISCH PERSONAGE

Dit alles bewijst dat de heldin tot de categorie van de tragische personages kan worden gerekend. Allereerst is het Corneliaanse dilemma tussen passie en plicht kenmerkend voor klassieke tragedies. Deze impliceren dat liefde onmogelijk is. Het is waar dat de prinses geleidelijk de passie ontdekt die zij voelt voor de hertog van Nemours en beseft dat dit gevoel onoverkomelijk is. Zij kan haar lot niet met haar wil dwarsbomen: "Mijn lot wilde niet dat ik van dit geluk zou genieten [...]" (einde van deel IV) Haar hartstocht kan niet worden beheerst, ook al heeft zij de wil. Mme de Clèves is voorbestemd om zich terug te trekken uit de wereld waarin haar waarden niet kunnen worden gehandhaafd.

Ten tweede geven de lexicale velden het einde van het boek een tragische dimensie. Ongeluk is essentieel voor de dynamiek van de passage en laat de lezer het lot van de hoofdpersoon aanvoelen. De term "ongeluk" wordt veelvuldig gebruikt, evenals de termen "pijn" en "lijden", die bijdragen aan de tragische kracht. In de klassieke tragedie zijn liefde en passie met elkaar verbonden. Maar passie is ook verbonden met ongeluk, en als Mme de Clèves zou toegeven aan haar passies, zou ze ongelukkig zijn.

MOGELIJKHEDEN TOT BEZINNING

ENKELE VRAGEN VOOR VERDERE REFLECTIE

- Het verhaal wordt gepresenteerd als een historisch verslag uit de tijd van Hendrik II. Welke voordelen heeft dit voor de roman?

- Waarom onthult het zwijgen van de prinses van Kleef bij de diefstal van haar portret haar gevoelens voor de hertog van Nemours?

- Wat hebben het huis in Coulommiers en de retraite in de Pyreneeën gemeen?

- Als je hier op uiterlijkheden afgaat," antwoordde de heer^{me} de Chartres, "kom je vaak bedrogen uit: wat verschijnt, is bijna nooit de waarheid. (p. 75). Noem enkele momenten in de plot waar de schijn de werkelijkheid verbergt.

- Hoe informeert de anekdote over de heer^{me} de Tournon de hoofdplot?

- Welk verband kan worden gelegd tussen het avontuur van de vidame dat in de verloren brief wordt beschreven en dat van de prinses van Kleef (blz. 129-132)?

- Wat is de functie van reflexieve slow-motion?

- Waarom zegt men dat De prinses van Kleef vooral "een meditatie over de liefde" is?

- Welke verschillen zijn er tussen de inhoud van *De prinses van Kleef* en de middeleeuwse visie op hoofse liefde?

- Welke overeenkomsten kunnen worden vastgesteld tussen de plot van *De prinses van Kleef* en die van *De nieuwe Heloise* van Rousseau?

- Waarin verschilt ons verhaal van Flauberts *Madame Bovary* en Stendhals *Het rood en het zwart*?

OM VERDER TE GAAN

REFERENTIE-UITGAVE

La Fayette Madame de, *De prinses van Cleves*, Parijs, Librairie Générale Française, 1999.

BENCHMARKSTUDIES

Beaumarchais J.-P. de en Couty D., *Dictionnaire des grandes œuvres de la littérature française*, Parijs, Larousse-VUEF, 2001, blz. 1014-1018.

Benac H., *Guide des idées littéraires*, Parijs, Hachette, 1988.

Biet C., *La tragédie*, Parijs, Armand Colin, 1997.

Dantzig C., *Dictionnaire égoïste de la littérature française*, Parijs, Grasset, 2005, blz. 823-825.

Duchêne R., «Madame de La Fayette», in Polet J.-C. (ed.), *Patrimoine littéraire européen. Avènement de l'équilibre européen (1616-1720)*, Brussel, De Boeck, 1996, blz. 731-737.

Niederst A., La Princesse de Clèves: *le roman paradoxal*, Parijs, Librairie Larousse, 1973.

Rousset J., *Formes et significations: essais sur les structures littéraires de Corneille à Claudel*, Parijs, Librairie José Corti, 1982.

*We horen graag van jou! Laat
een reactie achter op jouw online bibliotheek
en deel je favoriete boeken op social media!*

Waarom kiezen voor Must Read?

Kom alles te weten over een boek met onze beknopte en diepgaande samenvattingen en analyses!

Ontdek het beste uit de literatuur in een compleet nieuw licht!

www.50minutes.com

Master ISBN: 9782808687799
Papier ISBN: 9782808699198
Wettelijk depot: D/2023/12603/1199

Omslag: © Primento

Digitaal ontwerp: Primento, de digitale partner van uitgevers.